道入匠心·文房古玩 6

阅　是　编

浙江人民美術出版社

圖書在版編目（ＣＩＰ）數據

道入匠心．文房古玩 6 / 閱是編．—— 杭州 ：浙江
人民美術出版社，2018.4（2018.7重印）
　ISBN 978-7-5340-6557-6

　Ⅰ．①道　　Ⅱ．①閱　　Ⅲ．①文化用品－收藏－中國
－圖録　Ⅳ．①G262.8-64

中國版本圖書館CIP數據核字(2018)第049239號

道入匠心·文房古玩 6
閱　是　編

責任編輯　楊　晶
文字編輯　傅笛揚　羅仕通　張金輝
裝幀設計　陸豐川
責任印製　陳柏榮

出版發行　浙江人民美術出版社
　　　　　（杭州市體育場路 347 號）
網　　址　http://mss.zjcb.com
經　　銷　全國各地新華書店
製　　版　杭州富春電子印務有限公司
印　　刷　杭州富春電子印務有限公司
版　　次　2018 年 4 月第 1 版·第 1 次印刷　2018 年 7 月第 1 版·第 2 次印刷
開　　本　889mm×1194mm 1/16
印　　張　11
書　　號　ISBN 978-7-5340-6557-6
定　　價　300.00 圓

前　言

　　“美成在久”，語出《莊子·人間世》。但凡美好之物，都需經日月流光打磨，才能日臻至善。一蹴而就者，哪能經得起歲月的考驗？真正的美善，一定是“用時間來打磨時間的產物”——卓越的藝術品即如此，有社會責任感的藝術拍賣亦如此。

　　西泠印社的文脈已延綿百年，西泠拍賣自成立至今，始終以學術指導拍賣，從藝術的廣度與深度出發，守護傳統，傳承文明，創新門類。每一年，我們秉持著“誠信、創新、堅持”的宗旨，徵集海內外的藝術精品，通過各地的免費鑒定與巡展、預展拍賣、公益講堂等形式，倡導“藝術融入生活”的理念，使更多人參與到藝術收藏拍賣中來。

　　回望藝術發展的長河，如果沒有那些大藏家、藝術商的梳理和遞藏，現在我們就很難去研究當時的藝術脈絡，很難去探尋當時的社會文化風貌。今時今日，我們所做的藝術拍賣，不僅著眼于藝術市場與藝術研究的聯動，更多是對文化與藝術的傳播和普及。

　　進入大眾的視野，提升其文化修養與生活品味，藝術所承載的傳統與文明才能真正達到“美成在久”——我們出版整套西泠印社拍賣會圖錄的想法正源於此。上千件躍然紙上的藝術品，涵括了中國書畫、名人手跡、古籍善本、篆刻印石、歷代名硯、文房古玩、庭院石雕、紫砂藝術、中國歷代錢幣、油畫雕塑、漫畫插圖、陳年名酒、當代玉雕等各個藝術門類，蘊含了民族的優秀傳統與文化，雅致且具有靈魂，有時間細細品味，與它們對話，會給人以超越時空的智慧。

　　現在，就讓我們隨著墨香沁人的書頁，開啟一場博物藝文之旅。

目 録
CONTENTS

清·蜜蠟雕漢鐘離像

說明：漢鐘離複姓鐘離，名權，字寂道，號雲房子，燕京人，自稱"天下都散漢鐘離權"，呂純陽真人之師，道教仙人，八仙之一、全真道五陽祖師之一，鐘呂內丹派代表人物，道號正陽真人。元世祖封其為正陽開悟傳道真君，元武宗加封為正陽開悟傳道重教帝君。此尊漢鐘離人物塑像，蜜蠟為材。塑像造型仙風道骨，線條流暢，取蜜蠟圓雕而成，頗為少見，實可珍之。

QING DYNASTY AN AMBER FIGURE OF IMMORTAL

高：12cm　重：126.8g

RMB: 30,000－50,000

3217

清·木雕漆彩觀音立像

說明：觀音為民間喜聞樂見的題材，所製形象豐
富多變，銅、玉、木、瓷等材質兼有，但
如此尊觀音體型碩大者少見。木刻觀音造
型端莊優雅，身形欣長秀美，盤髮成髻，
髮絲根根分明，面相溫婉，眉間白毫嵌寶，
眼斂低垂，眼角上揚，刻劃線條靈動異常、
粗細變化巧妙，神情畢現。身著寬衣，胸
前飾瓔珞，衣沿清晰浮雕花卉裝飾，雕刻
細致精湛，漆紅彩。衣紋簡明豐滿，褶皺
線條動感自然，與浮雕的花卉紋形成對比，
顯得格外古樸雅致，別具美感。

QING DYNASTY A LACQUERED
WOOD FIGURE OF AVALOKITESVARA

高：113.5cm
RMB: 20,000—30,000

3218

明·銅真武大帝像

說明：真武大帝，又稱玄武神、玄天上帝，鎮於北方，故稱玄武神，常伴以龜蛇形象出現。明
代統治者信奉道教，成祖永樂帝極為推崇。此尊真武大帝像面形方正，雙目炯炯，神態
溫良和藹，發鬚飄逸，為真武大帝之獨有特徵。右手撫膝，左手結印於玉帶處，垂足正
襟危坐於六方臺座之上。整像造型飽含英武之氣，極富收藏價值。

MING DYNASTY A BRONZE FIGURE OF XUAN WU GOD

高：25.5cm

RMB: 30,000－50,000

3219

明·銅鎏金大佛手

說明：銅佛手尺寸碩大，胎體厚重，通體鎏金。其手勢結說法印，掌中現佛眼。拇指與食指相捻，
　　　其他各指自然舒展，手指修長，手掌圓潤，指節弧度自然。手型優美，兼具動感。此件
　　　銅鎏金佛手，與原身散失，但優美的曲線和精美的工藝，仍能令人感受到藝術的魅力。

MING DYNASTY　A GILT-BRONZE BUDDHA'S HAND

帶座高：67cm　佛手長：49cm

RMB: 30,000－50,000

3220

清·銅漆金佛首

說明：此尊佛首，面部帶有濃厚的尼泊爾風格，面部漆金，然年代久遠，泥金已自然剝落。髮
　　　髻線條舒展細膩，繪綠松石及青金石藍彩，大耳垂穿孔，雙眉細長高挑，鼻樑挺拔，厚
　　　唇鑄後以刀修飾，輪廓優美，嘴角上翹，頸飾三道紋，神態沉靜柔和，為藏區仿尼泊爾
　　　風格作品。

QING DYNASTY A GOLDEN-PAINTED BRONZE BUDDHA'S TOP

高：38cm

RMB: 50,000－80,000

3221

元·合金銅拉達克阿閦佛像

說明：拉達克位於青藏高原西部的高海拔地區，造像藝術由印度與尼泊爾風格融合發展，約在
13世紀形成具有本地特徵的成熟風格。由於採用青銅利瑪單體澆鑄，尺寸巨大，其手感
沉重，十分壓手。阿閦佛結跏趺坐，頭戴五葉寶冠相連，寶繒至下而上立於冠後，亦帶
有突出藏西拉達克風格。彎眉長眼，高鼻聳立，五官雕工精緻，臉部特徵符合印度審美特點。
拉達克受帕拉地區影響，崇尚五方佛，阿閦佛右手施觸地印，左手結禪定印。頭戴珠鏈、
瓔珞環、臂釧、手腕、以及雙腳皆飾細合金銅鏈。拉薩大昭寺所藏13世紀拉達克阿閦佛
與此件形制風格一致，基本可以推斷此件為13世紀左右的作品。此像製作工藝嫻熟精湛，
應為成熟時期的代表作。

YUAN DYNASTY A BRONZE FIGURE OF AKSHOBHY

高：24.3cm

RMB: 120,000－180,000

參閱：拉薩大昭寺藏拉達克阿閦佛像，藏品號：869。

參閱：拉薩大昭寺藏拉達克阿閦佛像

3222

北魏・銅鎏金觀世音像

銘文：辛巳年六月十九日，弟子比丘道靖造觀世音像一軀，有為含識受苦眾生，師僧父母七世先亡，見佛聞法常與佛會俱成正果，所願從心。

說明：北魏時期的佛教造像既承襲了五胡十六國時期尚存的犍陀羅式雕塑風格，也逐漸顯出獨具漢地風格的法相與衣著。在北魏和平元年（公元460年）僧人曇曜開鑿的，被後世稱為曇曜五窟的雲岡石窟中既有較早期、受犍陀羅風格影響較大的西域式造像，也有漢風的褒衣博帶式造像。

本件帶有確實紀年（推測擬為公元501年）的北魏銅鎏金觀世音像，造型精美，背光華麗，時代風格強烈。

其美學藝術形象而言，依舊沿襲華北地區五胡十六國的犍陀羅藝術基本樣式：束髮高髻、眉長眼細、臉型削瘦；雙手一結無畏印，一結與願印。通肩大衣、U型衣紋、褰褶垂落。背光作火焰紋，後方鐫刻銘文。

北魏時期，佛教興旺，供養人鑄造金銅佛像，但難得之處在於此尊觀音像不僅體量較大，且背部銘文之多，為研究此尊佛像提供了極為豐富的信息。它在探索鎏金坐佛造型由五胡十六國到北魏時期、基本樣式縱向發展的連續性中具有相當的重要性。

NORTHERN WEI DYNASTY A GILT-BRONZE FIGURE OF AVALOKITESVARA

高：26cm

RMB: 800,000－1,200,000

參閱：1.《特別展示六朝時代の金銅佛》，和泉市久保惣紀念美術館，大阪，1991年，編號62，後售於紐約佳士得2013年9月19至20日，Lot:1460。

2.《中國歷代紀念佛像圖典》第21、35頁，金申編，文物出版社，1994年。

參閱：《中國歷代紀年佛像圖典》第21頁，北魏和平五年紀年釋迦牟尼像

參閱：《中國歷代紀年佛像圖典》第35頁

參閱：《特別展示六朝時代の金銅佛》

3223

唐·銅鎏金如來立像

說明：此尊如來佛通體鎏金，高肉髻，臉部塑造豐滿，鼻樑高聳，嘴角微翹，下顎飽滿。雙耳大而貼面，神態沉靜自然。衣褶刻畫流暢自然，"曹衣出水"的造像風格依稀可見，是典型盛唐時期的造像風格。

TANG DYNASTY A GILT-BRONZE FIGURE OF SAKYAMUNI

高：21cm

RMB: 20,000－30,000

3224

遼金・銅漆金大日如來佛像

說明：此尊佛像銅質，佛身漆金。大日如來法相莊嚴，頭戴寶冠，飄帶下垂至肩，上塗紅漆。
如來面相豐腴飽滿，雙耳垂長，隱含笑意，體態沉穩，身披天衣，下身著貼服長裙，結
跏趺坐。原配紅木寶座，上層浮雕蓮瓣，下層作雲龍紋，中間飾一周凸起的鼓釘，座面
雕蓮子，與器底吻合，製作精巧。

LIAO AND JIN DYNASTIES　A GOLDEN-PAINTED BRONZE FIGURE OF
VAIROCANA

帶座高：20.9cm　高：14.8cm
RMB: 30,000－50,000

3225

宋·鐵質彩繪菩薩像一組兩件

說明：兩尊菩薩結半跏趺坐於臺座上，雙目微閉，面頰圓映，面相沉靜，頭戴寶冠，上身披天衣，胸前飾瓔珞，下身著長裙，衣裙處褶皺感明顯。菩薩雙手結禪定印，一尊持經卷，另一尊持蓮花。造像彩繪裝飾，發冠、衣裙、手足等處飾紅、黃、黑等彩料，彩料厚實，有細小開片，可見年代之久遠。兩尊菩薩像風格古樸，為宋代造像佳作。

SONG DYNASTY A GROUP OF TWO PAINTED IRON
FIGURES OF BUDDHA

1. 帶座高：31cm
2. 帶座高：31.5cm
數量：2
RMB: 120,000－180,000

3226

明·銅鎏金釋迦牟尼立像

說明：釋迦牟尼在梵文中意為釋迦族之聖者，是古印度北部迦毗羅衛國的王子，佛教創始人，
故其藝術形象豐富多變。此尊釋迦立像比例勻稱，造型端莊大方，神態安詳沈靜，刻划
簡潔有力，氣韻十足，為釋迦像中精品代表。是尊旋髮排列整齊，面相圓潤，眼斂上提，
似關注眾生疾苦，身著袈裟和僧裙，衣紋層疊下垂，線條刻畫柔美。右手垂於身側施說法印，
左手於胸前持舍利，為其常見姿態。通體鎏金，經歲月沈澱，金彩保存良好，實屬難得。

MING DYNASTY A GILT-BRONZE FIGURE OF SAKYAMUNI

高：11cm

RMB: 30,000－50,000

3227
明·銅文殊菩薩像

說明：文殊菩薩是印度梵語"文殊師利"的音譯簡稱，意譯"妙德"和"妙吉祥"，屬大乘佛教
四大菩薩之一。在佛教諸菩薩中，他以智慧見長，位居各大菩薩之首，佛經中稱他"文
殊師利法王子"。此尊銅文殊菩薩坐像做工精美，紋飾華麗講究。菩薩頭戴花冠，髮髻高梳。
寬肩細腰，上身袒露，胸前瓔珞配飾華麗。文殊菩薩舒坐於獅背的寶座之上，手持說法印，
儀態端莊。雄獅的刻畫富有張力，臥於蓮座之上，頭微微向後扭動，似乎正在聆聽菩薩
的教誨。造像以銅鑄造，甚得明代藏式佛造像精粹，富有莊嚴雍容的氣派，造型生動傳神。

MING DYNASTY A BRONZE FIGURE OF MANJUSRI

高：21.5cm
RMB: 40,000－60,000

3228

明·銅觀音立像

說明：此觀音像銅鑄，尺寸碩大，造像高挑，雙足站立，體態飽滿豐潤。觀音菩薩法相端莊，
面龐豐腴，束髮高髻，頭戴寶冠。菩薩面相方圓，眼瞼低垂，目光下斂，慈祥端莊。身
著通肩天衣，衣紋疏密有致，臂間飄帶垂直腳邊，胸前配飾瓔珞，工藝繁瑣華麗，珠鏈
做工精細，華美之感覺油然而生。觀世音菩薩是佛教中慈悲和智慧的象征，無論在大乘
佛教還是在民間信仰，都具有極其重要的地位。

MING DYNASTY A BRONZE FIGURE OF AVALOKITESVARA

高：60cm

RMB: 120,000－180,000

明・大明永樂年施款銅鎏金文殊菩薩像

3229

明·大明永樂年施款銅鎏金文殊菩薩像

款识：大明永樂年施

說明：文殊菩薩，即文殊師或曼殊室利，佛教四大菩薩之一，釋迦牟尼佛的左脅侍菩薩，代表
　　　聰明智慧，因德才超群，居菩薩之首，故稱法王子。文殊菩薩的名字意譯為"妙吉祥"，
　　　在道教中稱文殊廣法天尊。此尊文殊菩薩頭戴五葉寶冠，髻縷垂肩而下，雙目冥神，略
　　　帶微笑，長耳戴鐺，身著天衣，披飾華麗的瓔珞，帛帶纏繞徐徐而下。雙手於胸前結說
　　　法印，蓮莖沿手臂兩側向上伸展，蓮莖及發冠等處微有殘缺，由其殘銹等可看出其年代
　　　與明接近。文殊結跏趺坐，褲裙鋪散於雙層蓮花座上，臺座蓮瓣佈滿一周，顆顆飽滿，
　　　臺座上陰刻"大明永樂年施"款。此尊造像造型精美，鑄造精細。

MING DYNASTY A GILT-BRONZE FIGURE OF MANJUSRI

高：15cm

RMB: 120,000－180,000

3230

明·銅鎏金釋迦牟尼像

說明：此尊釋迦牟尼左手禪定印、右手觸地印，乃標準的釋
　　　迦牟尼成道像。造像寶珠頂嚴，肉髻高隆，耳垂於肩、
　　　容顏沉靜，整體造型飽滿結實，莊嚴肅穆。表現了釋
　　　迦牟尼的慈悲善良和端庄靜穆。

QING DYNASTY A GILT-BRONZE FIGURE OF SAKYAMUNI

高：11.8cm

RMB: 80,000－120,000

底部圖

3231
明・銅鎏金釋迦牟尼佛像
說明：此尊釋迦造像，面圓額寬，厚唇垂耳。左手結禪定印，右手施觸地印，結跏趺坐於蓮座上，
帶有典型藏區帕拉風格。

A GILT-BRONZE FIGURE OF SAKYAMUNI

高：11cm

RMB: 180,000－250,000

3232

明·銅鎏金綠度母像

說明：此尊綠度母頭戴五葉冠，胸部刻畫含蓄，配飾項鏈、手環和臂釧，皆有各色寶石鑲嵌，
右腿伸出，下踏小蓮。右手置膝施與願印，左手當胸牽蓮枝，兩株蓮綻放於雙肩。下承
雙層仰覆束腰蓮座，蓮瓣圓扁，排列整齊，具典型明代造像特征。

MING DYNASTY A GILT-BRONZE FIGURE OF GREEN TARA

高：18.5cm

RMB: 80,000－120,000

3233

清·銅鎏金藥師佛

說明：此藥師佛高生肉髻，寶珠頂嚴，眉如初月，雙目微合，神態怡然。身穿袒右式袈裟，衣薄貼體，
衣紋簡潔，肌肉飽滿，指掌刻劃柔軟生動，富有寫實性和生命力。結全跏趺於蓮花座上，
蓮座上下緣飾連珠紋，蓮瓣飽滿挺拔。蓮瓣為典型蒙古風格。整尊造像，莊重雅致，神
韻十足。

QING DYNASTY A GILT-BRONZE FIGURE OF BHAISAJYAGURA

高：15.5cm

RMB: 50,000－80,000

3234

遼·銅漆金準提菩薩像

說明：準提菩薩，即準提王菩薩，密教認為他是觀音菩薩的六個化身之一，意味清淨，讚歎心
地清淨。有二、四、六、八、十、十二、十八、三十二、八十四臂之不同法相，由信者
祈願目的的不同而觀祈不同之形象。唐金剛智譯《佛說七俱胝佛母準提大明陀羅尼經》有：
若求不二法門者，當觀兩臂；若求八聖道當觀八臂；若求十波羅蜜圓滿十地者，應觀十臂；
若求如來普遍廣地者，應觀十二臂；若求十八不共法者，應觀十八臂。此尊準提菩薩外
漆金，有十二臂，原配紅木底座。

LIAO DYNASTY   A GOLDEN-PAINTED BRONZE FIGURE OF CUNDHI
BODHISATTVA

帶座高：16cm   高：13cm
RMB: 60,000－80,000

3235

明 · 張乃燕舊藏銅鎏金文官像

說明：此造像為典型的明代文官裝扮。烏紗帽、團領衫、束帶皆具，洪武二十四年（公元1391年）
官員服飾標準基本穩定，從袍服上前後的補子則能清晰辨別官員品級。此文官像袍服前
後刻禽鳥，此像通體鎏金，表情文雅內斂，風格古樸，氣韻十足，從整體造型到臉部刻
畫皆帶有明顯的明代造像遺韻。

MING DYNASTY A GILT-BRONZE FIGURE OF CIVIL OFFICIAL,
COLLECTED BY ZHANG NAIYAN

高：14cm

RMB: 15,000－30,000

藏著簡介：張乃燕，字君謀，張靜江之侄，先後任北京大學、浙江大學教授，在史學方面頗有研究，
有《希臘史》《羅馬史》等著作。

底部漆書

3236

元 - 明 · 銅大日如來像

說明：大日如來是佛教密宗所尊奉的最高神明，密宗所有佛和菩薩皆自大日如來所出。在金剛
界和胎藏界的兩部曼荼羅中，大日如來都是居於中央位置，他統率著全部佛和菩薩，是
佛教密宗世界的根本佛。此尊造像螺髮規整，肉髻高聳，面相豐頤，神態慈悲祥和，外
穿天衣，全跏趺坐於蓮花座上。

YUAN DYNASTY-MING DYNASTY A BRONZE FIGURE OF VAIROCANA

高：23.6cm

RMB: 30,000－50,000

3237

宋-元·合金銅嵌銀上師像

說明：合金銅上師造像与信仰供奉者及教法实践密切相关，流动性强，因而存量稀少。上師跏
　　　趺坐於覆蓮座，右手觸地印，左手禪定印，造像臉部較長，瘦削的臉頰，眉眼寬闊，眼
　　　睛細長，如同佛眼，可見此人絕非普通僧人，所做手印不是常見的上師說法印，而是佛
　　　觸地印。就人物形象而言，無論是繪畫還是雕塑形式，藏傳佛教藝術最值得稱道的是上
　　　師造像，這中間傾注了藝術家以人物的真實面貌表達其藝術追求的理想。可以說只有理
　　　解了師祖圖像蘊含的藝術家情感，才可以說理解了藏傳佛教藝術的精要。而在眾多噶舉
　　　派上師造像中，采嵌紅銅及銀作如此精細之工藝者則更為稀少。

SONG DYNASTY-YUAN DYNASTY A SILVER-INLAID BRASS ALLOY
FIGURE OF MASTER

高：16.5cm
RMB: 60,000－80,000

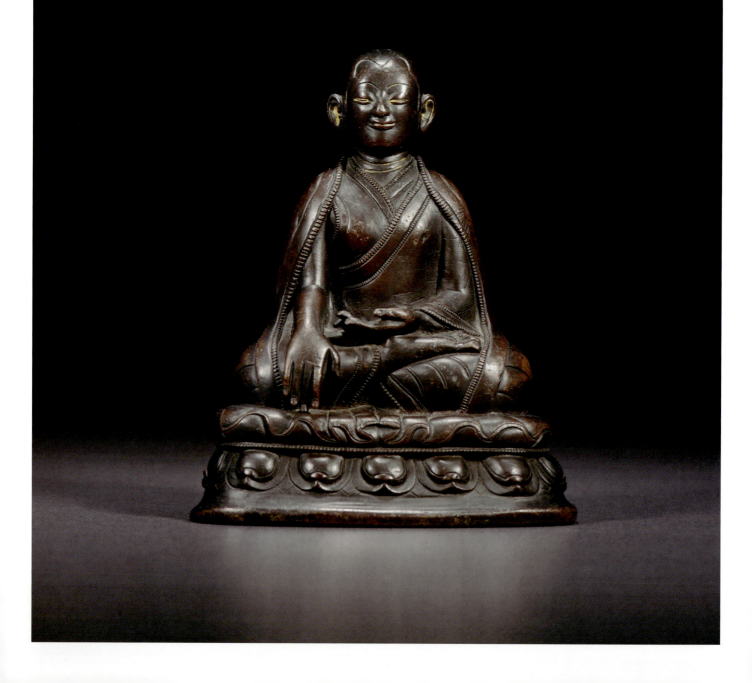

3238

清·銅鎏金無量壽佛像

說明：無量壽佛，又稱長壽佛，是佛教信仰中極為重要、流傳廣泛的尊神。由於此尊神既能滿
足現世人間眾生的對於壽命延長的追求，又能接引善良的眾生死後超脫輪回之苦，往生
美好的西方極樂世界，千餘年來，以無量壽佛為題材的造像作品備受人們所喜愛。其特
點是著菩薩裝束，雙腳結跏趺，雙手下垂結印置於雙腳之上。此尊無量壽佛雙手結禪定
印托長壽寶瓶。

QING DYNASTY A GILT-BRONZE FIGURE OF AMITABHA

高：15cm

RMB: 60,000－80,000

3239

清·銅鎏金蓮花生像

說明：蓮花生作為藏傳佛教寧瑪派的創始人，在藏地上師像中，是鑄造歷史最久，鑄造數量最
　　　大的一類。此尊蓮花生頭戴蓮花帽，面龐豐腴，身著咒師衣和僧袍，左手托鉢，右手持
　　　金剛杵，惜金剛杵已失，雙跏趺坐姿。鑄造精美，金光閃閃，鎏金厚重，鑄造精美，配
　　　高層蓮瓣座及背光，可見其風格受內地造像的影響。

QING DYNASTY A GILT-BRONZE FIGURE OF PADMASAMBHAVA

高：16cm

RMB: 120,000－180,000

3240

明·銅鎏金四臂觀音像

說明：此件四臂觀音通體鎏金，跏趺端坐于蓮花寶座上，雙手于胸前合掌作祈禱狀，余二手舉
於身體兩側，右手持念珠，左手持蓮花。四臂觀音又稱"六字觀音"，是觀音菩薩在藏傳
佛教中最為常見的形象，深受藏地僧俗崇奉，有"雪域怙主"之稱。

MING DYNASTY A GILT-BRONZE FIGURE OF FOUR-ARMED AVALOKITESVARA

高：13cm

RMB: 50,000－80,000

3241

明・銅綠度母像

說明：此尊綠度母像體量碩大，造型規整，塑造精細靈動，為典型永宣風格。綠度母頭戴五葉
　　　寶冠，雙目微睜，面相祥和，整體儀態端莊，袒露上身，佩戴瓔珞、項鍊等，臂配釧鐲，
　　　刻畫繁複精細，腰束長裙，衣紋起伏，靈動內蘊。綠度母左手施說法印，右手施與願印，
　　　持蓮花枝並引伸至肩側。自在坐於仰覆蓮座。造型秀美，繁複精工，氣勢恢宏。

MING DYNASTY A BRONZE FIGURE OF GREEN TARA

高：21.7cm

RMB: 160,000－180,000

3242

清·銅鎏金無量壽佛像

說明：這尊無量壽佛作菩薩妝，寶冠冠葉繁密，耳璫圓潤，飄 U 形繒帶。雙目靜閉，厚唇微抿，
嘴角含笑。四肢肌肉飽滿，雙手施禪定印，托甘露瓶，全跏趺坐姿，坐於蓮臺上。無量
壽佛軀體露銅，而衣飾蓮座鎏金飽滿，天衣裙陰刻西番蓮及如意雲紋，銅胎與金自然交織，
帶有典型清宮的無量壽佛樣式特征。

QING DYNASTY A GILT-BRONZE FIGURE OF AMITABHA

高：26.2cm

RMB: 120,000－160,000

3243

清・銀鎏金財寶天王像

說明：財寶天王乃五方佛之南方寶生佛所化現，周邊圍繞八路財神為部
屬，協助財寶天王普度眾生，以滿眾生之願。常行慈悲善行之一
切眾生，藉由財寶天王之大力加持，可事業順利，鴻圖大展，求
財滿願，也可消災解厄、求取財富、增進福祉。此件天王像天王
半跏趺坐於蓮花臺上，左手托法器，雙眼圓睜，面目嚴肅。頭戴
五葉寶冠，頂束髻，耳側繒帶飛揚。清代特徵較為明顯。

QING DYNASTY   A GILT-SILVER FIGURE OF VAISHRAVANAA

高：7.8cm

RMB: 10,000－20,000

底部裝藏

3244
明・銅鎏金觀音像

說明：此尊觀音慈相端莊，衣紋線條流暢，法衣有飾蓮花雲頭如意紋，胸前掛瓔珞，結跏趺坐，
　　　左手托缽，右手施說法印，端莊秀美。

MING DYNASTY A GILT-BRONZE FIGURE OF AVALOKITESVARA

高：13.5cm

RMB: 38,000－50,000

3245

明 - 清 · 銅鎏金大黑天像

說明：大黑天，梵語稱為瑪哈嘎拉，是佛教三根本的化身，多示現為兩臂、四臂、六臂，黑，
　　　白等形象，為藏傳佛教諸宗共同推崇的智慧護法。此尊為兩臂黑天，是普賢王如來及金
　　　剛持佛之忿怒化身，頭戴骷髏冠，右手高舉金剛杵，身體壯碩，上身袒裸，腹部圓鼓，
　　　身披鮮人首幔，極具動感。

MING DYNASTY-QING DYNASTY A GILT-BRONZE FIGURE OF MAHAKALA

高：9.8cm

RMB: 80,000－120,000

參閱：R. Foster Reynolds 家族藏周彬款伏獅羅漢像

本場拍品：清早期·西班牙皇室成員舊藏周尚均製壽山石雕抱膝羅漢像

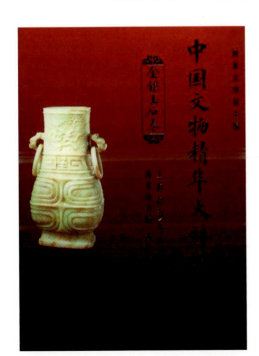

參閱：北京國家歷史博物館藏周彬石雕羅漢像

該件清早期西班牙皇室成員舊藏周尚均製壽山石雕抱膝羅漢像署款為雙刀隸書，雖細若蚊腳卻異常遒勁有力，是十分典型的尚均款記。該款識與帕維敦斯·羅德島（R. Foster Reynolds ）家族所藏周彬款伏獅羅漢極為相似。由底部落款可知，西泠秋拍上拍的這尊羅漢像作於"戊辰年夏"，即康熙二十七年，公元 1688 年，正是清朝國力轉盛之時，作者為周尚均，名彬，清康熙時福建漳州人，擅長印鈕雕刻，皆擅作人物雕琢，其在福建創立雕藝學堂，弟子包括潘玉茂、林謙培等。其鈕作品極具裝飾味，兼具華茂，被稱為"尚均鈕"，名重一時的宮廷印章印鈕雕刻大師，與同時期的楊玉璿雙峰並峻，鄭傑《閩中錄》記："余素有石癖，積三十年，大小得五百餘枚，皆吾閩先輩所遺留，鈕多出之楊玉璿、周尚均二家所製。"出自周彬之手的雕塑皆被納入眾多國家級機構收藏，北京國家歷史博物館及故宮博物院皆有其羅漢雕像。周尚均不少優秀作品多為清宮舊藏，民間極少見其真跡作品。根據鋼印可知，雕像的銅鎏金底座為成立於1877 年法國著名珠寶公司麥森（La Maison Aucoc）所鑲嵌。此尊雕像，無論時代氣息、藝術風格，還是造型裝飾、刀法線條，均符合周尚均本人製式及風格，當為尚均這般宮廷禦工雕刻人物曠世之作，當今藏家實可珍之。

戊辰夏

古閩尚林尚均氏製

3246

清早期·西班牙皇室成員舊藏周尚均製壽山石雕抱膝羅漢像

底款：戊辰夏，古閩周彬尚均氏製。

說明：此件壽山石羅漢作品，立體圓雕而成，其材質溫潤凝密，包漿生辣，呈半幹皮殼狀態，可見之前流轉海外，藏與皇室，密不示人，極少把玩。
該件抱膝羅漢光頂壽額，眉眼細長，雙目微睜，大耳肥碩，神態頗為肅穆，卻不失安然之態。此像選料嚴苛，取上佳壽山石巧色而製，
因材施刀。面部巧作紅花芙蓉，盡顯嬌好神韻，精神奕奕，用以突顯典型的胡貌梵相。在技法上，雕刻行刀流暢，衣紋飄逸極富動感，
其上輔以細琢雲龍紋與團花番蓮紋飾，施以金彩，其間或鑲嵌時為顯貴的紅綠藍料器與寶石，可謂形神俱足，華美異常。
尤其是羅漢頭部發根及頜下鬚鬢的處理，採用點刻法，層層鑿製，密而不亂，令人嘆服不已，驚為鬼工，甚至連隱約出現在衣褶之下的草鞋，
也被惟妙惟肖地雕琢出來，此尊雕像的細部處處值得玩味，難得之極，藏家可珍可賞。

EARLY QING DYNASTY A SHOUSHAN STONE CARVING OF ARHAT MADE BY ZHOU SHANGJUN,
COLLECTED BY A MEMBER OF SPAIN ROYAL FAMILY

高：11.5cm

RMB: 1,600,000－2,600,000

參閱：1.《文玩萃珍》（Arts from the Scholar's Studio）第84-86頁，香港，東方陶瓷學會，1986年。
2. 周彬作品還包括北京國家歷史博物館藏石雕羅漢像，錄於《中國文物精華大全：金銀玉石卷》第83頁，香港，1994年，圖版242。
3. 故宮博物院"尚均"款田黃石雕"契此"像。
4. 維敦斯·羅德島（R. Foster Reynolds）家族藏周彬款伏獅羅漢像。

作者簡介：周尚均［清初］，原名周彬，字尚均，福建漳州人。傳曾被招至宮廷做御工，擅長人物雕刻，尤精印鈕製作，所作獸鈕、博古印鈕，
渾古樸茂，精細工巧得鬼工之譽，是清初製鈕第一高手。佛造像等人物圓雕亦嫻熟精湛。

3247

明·夾紵胎髹漆金阿彌陀佛像

說明：夾紵像又稱脫胎像，源於春秋戰國時期，到清代仍有一定的影響，且主要為皇家御用的高級工匠掌握。至今在承
　　　德外八廟、北京雍和宮保存了不少夾紵佛像珍品。主要由天然生漆、天然紵布及瓦灰等組成，以漆塗裹紵麻布製
　　　成，工藝程序複雜，先以黏土塑製泥模像芯，披紵布，層層塗漆，如此反復經過幾十甚至上百道工序，等漆層凝固，
　　　褪模型，再在表面進行貼飾裝鑾。經過夾紵工藝的處理，佛像色彩鮮艷，呈現出光潤亮澤的質感，並且不易開裂變形，
　　　能更好地保存佛像原本的神韻，細膩的紋路和流暢的衣紋。此尊釋佛像身披法衣，結全跏趺坐，雙手執禪定印於臍前。
　　　螺髮排列規整，面龐圓潤，寬額高鼻，雙目垂視，嘴含微笑，神態莊重慈祥。整像以夾貯胎雕製，漆金於外，衣
　　　紋採用內地傳統的寫實手法，有較強質感。此尊阿彌陀佛像軀體渾厚，造型敦實，比例勻稱，動態舒展，線條流暢，
　　　體態優美大方，胎薄體輕，值得珍之。

MING DYNASTY A GOLDEN-PAINTED LACQUER FIGURE OF SAKYAMUNI

高：48.5cm

RMB: 160,000－250,000

3248

明·銅觀音佛頭

說明：觀音鵝蛋臉，雙目低垂微眸，額現白毫相，鼻樑通直，略微高挺，兩側臉龐豐腴，雙耳
長而圓厚。髮髻高盤。製作精細，具有明顯的明代造像特徵，與明代何朝宗燒製德化觀
音以及石叟風格銅水月觀音開臉一致，面容秀美，神態安詳，眉宇恬淡寧靜，神態莊重
嫻雅。

MING DYNASTY A BRONZE BUDDHA'S TOP

帶座高：38cm

RMB: 10,000－20,000

3249

明·夾紵胎漆金韋陀像

說明：韋陀因釋迦摩尼在入涅時，護佛有功，被視為
佛教護法神，常被供奉於寺廟彌勒佛身後。形
象自宋以後開始定型，主要呈兩種站姿，此尊
為其中一種，通體漆金，頭戴鳳盔，身披鎧甲，
腰系扎帶，左手叉腰站立，右手握金剛杵柱地，
法器佚失，整體塑造形象傳神逼真，保存良好，
可貴之處為其採用脫胎夾紵工藝，須層層上漆，
程序繁複，雖體量很大但上手輕盈。王仁裕《玉
堂閒話》："曾游洪州信果觀，見三官殿內功德
塑像，是玄宗時夾紵，製作甚妙"。

MING DYNASTY A GOLDEN-PAINTED
LACQUER FIGURE OF 'WEI TUO'

高：56cm
RMB: 120,000－180,000

3250

元 - 明 · 銅胡人獻寶立像

說明：此立像銅制，胡人頭戴帽，面目猙獰，五官清晰，蓄長鬚，大眼高鼻，為典型胡人形象。
　　　身著長袍，衣紋飄逸，懷抱香爐，擬為插香之用。皮色深沉，鏽邑斑駁。此香插造型別致，
　　　設計巧妙，實為文房清供上品之作。

YUAN DYNASTY-MING DYNASTY A BRONZE FIGURE

高：14.8 cm

RMB: 20,000－30,000

3251

明·銅羅漢像

說明：羅漢為釋迦牟尼佛的得道弟子，通常是剃髮出家的比丘形象，身著僧衣，反映現實中清
修梵行，睿智安詳的高僧德性。住世不涅槃，協助度化眾生。此羅漢像銅質，呈立姿，
無冠，面龐豐潤，眉目端莊，神情祥和，身披羅衣，赤足立於蓮臺之上。目視前方，神
情祥和。整尊造像雖經歲月浸蝕，觀之亦不難體會當年開光之盛況，尤為難得。

MING DYNASTY A BRONZE FIGURE OF ARHAT

高：35.5cm

RMB: 50,000－60,000

3252
清乾隆·紫檀雕漆金佛

QIANLONG PERIOD, QING DYNASTY A GOLDEN-PAINTED ZITAN
FIGURE OF BUDDHA
高：13cm
RMB: 20,000－30,000

3253

清·夾紵胎財寶天王像

說明：此財寶天王像採用夾紵工藝製作而成，此工藝耗時考究，先用泥塑成胎，后用漆把麻布貼於泥胎外，待漆干后，反復多次塗抹，最後將泥胎取出，故質地很輕，經久不蛀。此財寶天王像雖歷時久遠，依然光澤潤亮，漆面保存完好，造型亦生動形象，呈遊戲坐姿於蓮瓣座之上，身材魁梧有力，肌肉起伏富有張力。頭戴寶冠，表情莊嚴，眼斂下視，似洞察人間疾苦，與財寶天王消禍送福之意相吻合。右手原持寶幢，左手捉吐寶鼠，為財寶天王經典形象，神態威武而不失祥和，神韻自現，為此類塑像精品。

QING DYNASTY A LACQUER FIGURE OF VAISHRAVANAA

高 :16cm

RMB: 30,000－50,000

3254

金 - 元·銅釋迦牟尼錫杖

說明：錫杖也稱"聲杖"、"智杖"、"德杖"或"鳴杖"，是中國古代漢傳
佛教"比丘十八物"之一。錫杖的作用有三點，一是和尚在行腳
雲遊途中逐害蟲野獸；二是行乞時晃動銅環發出聲響；三是年長
的和尚，可以用此充當拐杖。此拍品為銅質，通體鎏金，作兩股
六環。海棠形大環正中，佛立於雙仰蓮座，右手持珠，左手持說
法印。做工精湛，氣韻古拙。

JIN DYNASTY-YUAN DYNASTY A BRONZE BUDDHIST
MONK'S STAFF WITH SAKYAMUNI PATTERN

高：148cm
RMB: 10,000－20,000

3255

明·木雕漆金韋陀立像

說明：韋陀是佛教護法神，又稱韋陀天，為四大天王的統率，驅邪魔護佛法，為佛教中護法金剛力士的代表之一。此像軀體比例協調，面部威嚴，雙目平視，氣勢如虹。頭戴獸頭戰盔，雙手相合，肩被飛帶，身著獸面甲冑，戰袍外繡花，腰扎革帶。整體孔武有力，雕刻傳神，體量頗大，實為難得之作。

MING DYNASTY A GOLDEN-PAINTED WOOD FIGURE OF 'WEI TUO'

高：44.3cm

RMB: 50,000—80,000

3256

清 · 龍眼木雕羅漢像

說明：此羅漢像以龍眼木圓雕而成，原配紅木鏤空松樹紋底座。

QING DYNASTY A LONGYAN WOOD FIGURE OF ARHAT

帶座高：16.7cm 高：14.4cm

RMB: 18,000－30,000

3257

明·黃楊木雕東方朔立像

說明：此立像以黃楊木爲材，圓雕而成，皮殼色澤橙黃，熟美。東方朔雙目微閉，神色恬淡，雙手捧桃，身著布衣，衣紋線條流暢，仙氣翩翩。雕琢工藝精細，刻畫傳神，木質包漿瑩潤，配木座，實爲賞玩之佳品。東方朔，西漢時人，傳說曾三度到天宮偷摘蟠桃，蟠桃食之可長壽成仙。東方朔偷桃的故事，成爲祈福祝壽的象征，是歷代藝術創作之經典題材。

MING DYNASTY A BOXWOOD FIGURE OF DONGFANG SHUO

帶座高：24cm　高：20.4cm

RMB: 50,000－80,000

3258

清・黃楊木雕鐵拐李像

QING DYNASTY A BOXWOOD FIGURE OF IMMORTAL

帶座高：29cm

RMB: 50,000－80,000

3259

明 · 黄楊木雕壽星像

說明：壽星黄杨木為材，双眼眉彎，两耳垂肩，面目慈祥。衣袖自然垂落，衣褶層迭。壽星採
用圓雕技法，刀法凝重，刻工簡練，精緻圓潤，人物頗得傳神之妙。

MING DYNASTY A BOXWOOD FIGURE OF IMMORTAL

高：26cm

RMB: 80,000－120,000

3260

民國·福建會館阮鎧敬造款粉彩漁翁得利像

款識：福建會館（朱）。阮鎧敬造（朱）。

說明：福建會館是民國瓷器的一種堂名款，民國時期福建福州府候宮縣人氏游長子，與師友陳
　　　山東定居福建會館，從事瓷雕藝術，其精品背後蓋有"福建會館"或"景德鎮福建會館"
　　　印章。

REPUBLIC OF CHINA A FAMILLE ROSE FIGURE OF FISHERMAN WITH
'FU JIAN HUI GUAN' AND 'RUAN KAI JING' MARKS

高：18.5cm

RMB: 30,000－50,000

器物內部款識

3261

清晚期·朱子常製黃楊木雕童子持桃枝擺件

說明：黃楊木圓雕童子，生動傳神。童子咧嘴憨笑，手持桃枝繞於身後，身着短袍，腰間系帶，
衣褶層迭，極為寫實。原配木座，座側有"朱子常刻"款。

LATE QING DYNASTY A BOXWOOD 'BOY' CARVING MADE BY ZHU ZICHANG

帶座高：15.8cm　高：10.5cm

RMB: 20,000－30,000

作者簡介：朱子常，浙江永嘉人，本名正倫，清末傑出的黃楊木雕刻藝術家，因其技藝高超時
人稱其為"倫仙"。幼年家境貧寒，九歲便從師學徒。始學塑佛，繼修雕刻和漆畫，
常以黃楊木雕刻人物，其作品極受歡迎。

器座款識

3262

明 · 大明宣德年製款銅天雞耳法盞爐

款識：大明宣德年製

說明：此爐法盞式，造型輕盈，爐皮熟栗色，爐口外撇，由上而下漸收作法盞式，底部平，底
設如意雲紋三獸足。爐肩凸塑天雞鈕，俯首向下，卷羽繞頸，氣勢凌人。底中心鑄 "大
明宣德年製" 六字篆書款。邊角銳利，方正規整。法盞是道家施法時所使用的法器，所
以在宣德年間，此類爐用以御賜給各道教宮觀。天雞是古代傳說中的神鳥，《宣爐小志》載：
"天雞即火雞也，能吞火，會意象形故以鑄爐。" 由此採用天雞造型亦是取其神威以保平
安之意。伴於案間，焚香賞玩俱佳。

MING DYNASTY A BRONZE CENSER WITH 'XUANDE' MARK

高：8cm　通經：14.9cm　重：1635g

RMB: 50,000－80,000

3263

明 · 于氏家藏款銅沖耳爐

款識：于氏家藏

說明：沖耳爐形制源出宋代瓷爐，宣德皇帝以其置於政務殿閣，蓋因取其 "敬天法相" 之意也。
因其線條優雅流暢，故而被後世廣泛應用於宮廷，文房，祭祀等諸多重大場所。此爐形
制極美，通體略扁，薄唇外侈，短束頸，垂鼓腹，下承乳足。銅爐為深栗色，通體素面
無紋飾，銅質精良，色澤柔和，入手厚重，整器鑄工精良，線條簡潔流暢，深具古樸之美。

MING DYNASTY A BRONZE CENSER WITH 'YU SHI JIA' MARK

高：6.5cm   通徑：10.5cm   重：705g

RMB: 80,000－120,000

明・元閣家藏款銅馬槽爐

3264

明‧元閣家藏款銅馬槽爐

款識：元閣家藏

說明：明代宣德爐的極富盛名，自其面世以來就有各家紛紛仿鑄，鑄造者往往落自己名號，這
其中不乏精品傳世。此爐為黃銅精煉而製，長方形，直壁，上有兩戟耳，下承四倭角矮
足，形如馬槽。底部陽文"元閣家藏"四字篆書款。宣德爐多取"天圓"，惟馬槽爐取"地
方"之意，恰為宣爐一族添了陰陽平衡。爐身規整端正，線條乾脆俐落，富有簡潔、大氣、
張力之美。因歲月沉澱，色澤如栗深沉，隱有吉金質感。此尺寸為馬槽大器，爐形、色、
質諸品相皆佳，為明代私家所仿宣爐中罕見之器。

MING DYNASTY A BRONZE 'MANGER' CENSER WITH 'YUAN GE JIA'
MARK

Provenance: Previously collected by Shanghai Antique Store.

高：6cm　通徑：15.5cm　寬：8cm　重：1570g

RMB: 160,000－250,000

來源：上海文物商店舊藏。

清・玉堂清玩款銅戟耳爐

3265

清 · 玉堂清玩款銅戟耳爐

款識：玉堂清玩

說明：該爐光素無飾，銅質精煉，器形簡雅，敦厚樸實，極為壓手。爐色沉黃，皮殼光潤，金粟躍於肌理之間。爐口略外撇，向下漸收成直腹，兩側對稱戟耳，弧線流暢，線條方折，猶如兵器之刃口。圈足撇出，如飛簷承鑾狀。工精藝美，乃小中見大之物。爐底平滑，瑩潤油亮，刻款"玉堂清玩"篆書，字體清晰工整。玉堂清玩，傳世之爐後世珍之。配紅木座。

QING DYNASTY A BRONZE CENSER WITH 'YU TANG QING WAN' MARK

帶座高：9.3cm　　高：7.7cm　　通徑：13.5cm　　重：1470g

RMB: 350,000－500,000

3266

明·丙子孟秋木雁父仿宣款銅沖耳爐

款識：丙子孟秋木雁父仿宣

說明：此爐雙耳沖天，端正肅穆，爐身略扁，束頸圓鼓腹，重心偏下，底承三乳足，線條張弛有度，氣宇沉著。銅質精煉，細密堅實，包漿潤澤如玉，熠熠生輝。底鑄"丙子孟秋木雁父仿宣"八字楷書款。

木雁父，為銅爐製者以莊子"木雁"典故而自比。《莊子外篇·山木》記載：莊子行於山中，見大樹因不成材而免於被人砍伐；後又見主人選殺不會鳴叫的雁以享客。弟子疑而問莊子："昨曰山中之木以不成材得終其天年，今主人之雁以不成材而死，先生您將何處？"莊子笑曰："莊周我將處乎成材與不成材之間。"顯示古代道家全身遠禍的處事方法態度，後因以"木雁"比喻有才與無才，銅爐製者亦以此自比。

MING DYNASTY A BRONZE CENSER

高：6cm　通徑：14.4cm　重：1252g

RMB: 50,000－80,000

3267

明末清初 · 瑤洲款銅鬲式爐

款識：瑤洲

說明：柳葉篆 "瑤洲" 款爐以精銅為材，平口束頸，腹部突鼓，呈扁圓形，下承三足，整器造
　　　型沈渾靜穆，素雅樸茂，予人呈現穩重敦厚之感。爐身色澤沈鬱，暗透銅黃之色，彰顯
　　　質樸雅致氣氛。以明清兩代，香爐乃家居必備之器具，焚香除了禮佛敬祖外更是生活品
　　　質的象徵。在文人的燕居中，賞玩爐器，品評香茗，皆被尊為雅事。

LATE MING DYNASTY-EARLY QING DYNASTY A 'LI'-TYPE BRONZE
CENSER WITH 'YAO ZHOU' MARK

高：8.5cm　通徑：13.2cm　重：1992g

RMB: 180,000－250,000

3268

清·玉堂清玩款銅戟耳爐

款識：玉堂清玩

說明：此爐以精銅為材，做工精良考究。爐直口桶腹，兩側對稱戟耳，雙耳精巧靈動，弧線流暢，
線條方折。圈足撇出，如飛簷承鐢狀。爐底平滑，瑩潤油量，底款篆書"玉堂清玩"款，
筆劃如柳葉，輕盈而不失法度。整器形體莊重，包漿古樸，皮色沉黃。

QING DYNASTY A BRONZE CENSER WITH 'YU TANG QING WAN' MARK

高：5.7cm　通徑：11cm　重：3773g

RMB: 30,000－50,000

3269

清早期·玉堂清玩款銅朝冠耳爐

款識：玉堂清玩

EARLY QING DYNASTY A BRONZE CENSER WITH 'YU TANG QING WAN'
MARK

高：11.8cm　通徑：23.2cm　重：3010g

RMB: 60,000－80,000

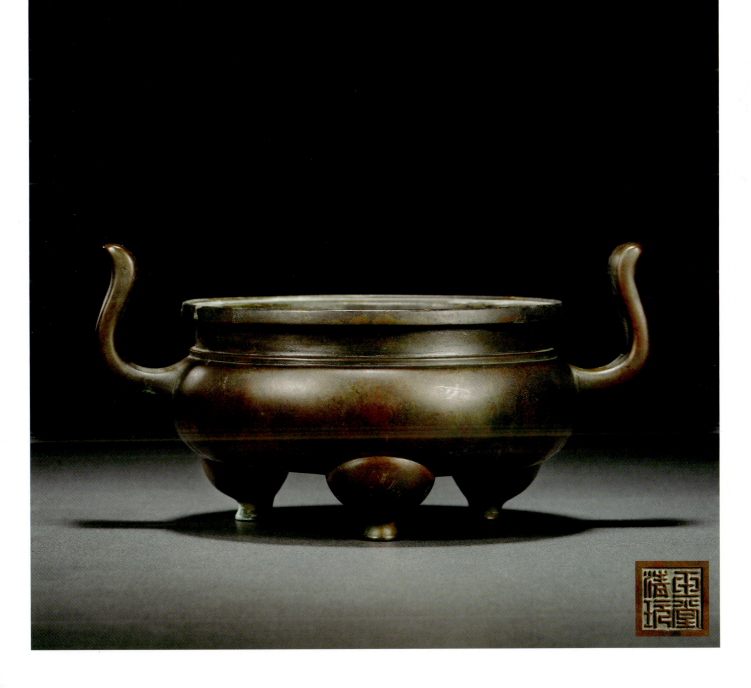

款識：玉堂清玩

3270

明 · 大明宣德年製款銅錯金銀百壽紋罐

罐內款識：大明宣德年製

說明：此罐取圓唇口，短頸，豐肩鼓腹，腹下漸收，圈足，體量碩大。銅色黑亮，通體錯金銀，
肩部飾如意紋，腹部裝飾百壽紋，與銅的底色形成強烈對比，其壽文採用古今各體篆書
壽字精細鑲嵌而成，細緻工整。百壽紋飾，寓意百壽延年。

MING DYNASTY　A GOLD-AND-SILVER INLAID BRONZE JAR WITH
AUSPICIOUS PATTERN AND 'XUANDE' MARK

高：25cm

RMB: 120,000－180,000

罐內款識

3271

清·大明宣德年製款銅臺几式爐

款識：大明宣德年製

說明：此爐方口平耳，束頸折肩，腹垂若鬥，雙耳如翼，四足微內斂，造型古樸，周身雪花金，頗具《宣德彝器圖錄》中所載臺几爐之風。腹底以減地陽文款"大明宣德年製"。原配玉鈕紅木蓋及紅木底座。

QING DYNASTY A BRONZE CENSER WITH 'XUANDE' MARK

通高：17.3cm　高：11cm　通徑：11.3cm　重：1404g

RMB: 120,000－150,000

3272

戰國・銅錯銀勾云紋鋪首耳方壺

說明：此獸耳方壺器型規整，包漿自然，呈四方形。頸部對稱飾鋪首小耳，器身嵌銀絲作勾雲
　　　紋裝飾，製作精細工整。整體呈暗綠色，隨處可見綠色鏽斑，與銀絲交錯相應，年代久遠，
　　　氣韻不凡。

WARRING STATES PERIOD A SILVER-INLAID BRONZE JAR WITH CLOUD
PATTERN

高：14.5cm

RMB: 30,000－50,000

參閱：美國賓夕法尼亞大學博物館藏戰國方壺。

參閱：賓夕法尼亞大學博物館藏戰國方壺

3273

明以前·青銅獸面紋三足鬲鼎

說明：此鬲鼎為仿青銅器之貴物。本品為鬲式鼎，立耳，鼓弧腹，器底呈三袋狀，下承三柱狀
實足。其形制承商周分襠鼎形式而來，至西周時期，鬲式鼎已成為西周時期主要式樣之一。
獸面粗狂，雙眼突出，形象猙獰，滿富神秘氣息，呈現出商周獸面紋飾兇猛神秘的風格。
配水晶鈕紅木蓋。

BEFORE MING DYNASTY A BRONZE TRIPOD VESSEL WITH BEAST
PATTERN

通高：22cm

RMB: 50,000－80,000

3274

宋·銅雙龍耳海水獸面紋瓶一對

說明：宋代在追古、慕古和嗜古之風氣影響下，藝術
創作盛行仿古，此對瓶即為這一時期產物。以
周漢古壺為原型，加以創作變形，注入了新的
思想，代表了當時潮流。口沿鑄成六邊，飾回紋，
兩側以雙龍為耳，其間頸部開窗梅花紋，腹部
飾變形獸面紋，底延伸為高圈足，飾海水紋，
整器紋飾繁復，有繼承及演變，工藝考究，打
磨平整，色澤靜謐，古意盎然。成對保存，頗
為難得。

SONG DYNASTY A PAIR OF BRONZE
VASES WITH RIPPLE AND BEAST
PATTERNS

1. 高：36.3cm   直徑：22cm
2. 高：36cm   直徑：22.1cm
數量：2
RMB: 150,000－180,000

3275

明·銅獸面紋貫耳壺

說明：貫耳壺的器形可追溯自晚商青銅器，南宋官窯亦有。因明一代印刷業的發達與博古圖錄
的流通，促進了當時古銅器鑑賞風氣的流行。故此貫耳壺的形制和紋飾雖仿古但已具有
晚期審美特點，壺束頸、圓鼓腹下墜，高圈足。頸部置兩貫耳，裝飾變形螭龍紋。壺整
器佈有紅斑綠銹，亦是明一代古銅器特徵。整器造型簡潔蒼古，紋飾鑄刻精細，紅斑綠
銹突出古銅之韻。原配日本老盒。

MING DYNASTY A BRONZE POT WITH BEAST PATTERN

高：27cm

RMB: 30,000－50,000

3276
宋・銅回紋貫耳瓶

SONG DYNASTY A BRONZE VASE
高：25cm
RMB: 60,000－80,000

參閱：杭州出土南宋銅貫耳瓶。

參閱：杭州出土南宋銅貫耳瓶

3277

清‧銅嵌銀絲蕉葉紋花觚

說明：此件仿商代青銅觚造型，觚是宋代以後較為常見的仿古銅器類，應與觚在晚期作為花器
　　　實用功能有關。整器紋飾錯銀但細節相較商代觚簡化許多。頸部裝飾蕉葉紋，內以幾何
　　　圖形組合成變形獸面紋，觚腹已簡化原有造型，上緣向外凸，腹底內收，飾幾何簡化螭
　　　龍紋，足部外撇均飾變形蕉葉紋。此品從形式和紋飾頗發人思古之幽情，但背後卻有文
　　　化和審美的變化，是古與新的交融，一種寓古於新的創作。

QING DYNASTY A SILVER-INLAID BRONZE FLOWER HOLDER WITH
PLANTAIN PATTERN

高：31cm　通徑：21.2cm
RMB: 20,000－30,000

3278

宋・銅沖耳三足弦紋鼎式爐

說明：此三足鼎通體以銅鑄成，質感厚重沉穩，光澤溫潤素雅。爐口兩側有雙立耳，爐口寬敞，
　　　腹部圓潤，底承三足。此器形制古樸規整，鑄作精良，造型大氣典雅，古韻十足，盡顯
　　　莊嚴肅穆之感，為難得一見的三足鼎式爐佳品。

SONG DYNASTY A BRONZE TRIPOD CENSER

高：20cm　通徑：18.5cm

RMB: 50,000－80,000

3279

宋 · 建窯兔毫盞

說明：此建盞束口，斜曲壁，小圈足，削修規整，外施黑釉不到底，
　　　露胎處呈灰黑色，里滿釉，發兔毫斑紋，故俗稱 "兔毫盞"。
　　　此盞造型規整簡約，釉中絲狀黃色兔毫結晶，令人賞心悅目，
　　　為建窯兔毫盞中之佳作，配漆盞托。

SONG DYNASTY A 'JIAN' 'HARE'S FUR' TEA BOWL

高：6.7cm　　直徑：11.9cm

RMB: 30,000－50,000

內壁圖

3280

宋・白釉劃花卉紋膽瓶

說明：此膽瓶或源自唐朝河北及河南三大窯口一邢窯、定窯及鞏縣窯流行的一款瓶器，其原型
為金屬器，可追溯至五世紀。圓器較易拉坯成型，可大量製造，而本品般頸身細長之小
口立器，製作甚難，需拉坯分段接合成型，要求每段塑形精確、接合須穩固無痕，故成
品殊稀，大多難免於窯中毀塌或變形。瓶上一切刀工婉轉流暢，毫無凝滯，是以花肥葉厚，
看似信手而就，然非爐火純青之技不可為。整器釉光肥美，實屬佳器。

SONG DYNASTY A WHITE-GLAZED VASE WITH FLORAL PATTERN

高：22.7cm

RMB: 80,000－120,000

3281

清・雍正年製款銅鎏金龍紋碧玉柄刀

款識：雍正年製

說明：此刀造工精緻，直柄直身，刀鞘鎏金，刀身亦做有"雍正年製"之款。刀柄碧玉為材。
鞘身高浮雕雲龍紋，紋飾細膩流暢，局部之處如龍鱗，龍鬚皆栩栩如生。清代宮廷所用
鞘刀，在功能性方面有所弱化，而其裝飾性更為重視，成為服飾的一種。此刀工藝精湛，
充分彰顯清宮器具奢華精緻之面貌。工精巧流暢，刀鞘合一，則繁簡得宜，富色彩層次感，
極具巧思。

QING DYNASTY A GILT-BRONZE DAGGER WITH 'YONGZHENG' MARK
AND SPINASH-GREEN JADE HANDLE, AND SHEATH WITH DRAGON
PATTERN

Provenance: Previously collected by a Japanese collector.

長：30cm

RMB: 50,000－80,000

來源：日本藏家舊藏。

3282
明・紫檀嵌雲石小圓几

MING DYNASTY A SMALL MARBLE-INLAID ZITAN STAND

高：12.5cm　長：34.7cm　寬：25.7cm

RMB: 30,000－50,000

3283

清乾隆·紫檀開光御題詩西番蓮紋葫蘆形壁瓶一對

銘文：御製詩。珊瑚必簇琥珀瓣，欺雪淩風鬱烈香，誰識黃家合氣韻，自茲名色始薝蔔。

說明：紫檀木質，壁面襯鎏金銅板。瓶呈葫蘆形。減地浮雕纏枝蓮紋和回紋。大球腹中間橢圓
形開光，內題御題詩。書體在楷隸之間，刀法犀利。是材質、形制和刻工均佳的宮廷御
制精品。

QIANLONG PERIOD, QING DYNASTY　A PAIR OF ZITAN 'GOURD'
HANGING VASES WITH PASSION FLOWER PATTERN AND IMPERIAL
INSCRIPTION

1. 高：18.5cm
2. 高：18.3cm
數量：2
RMB: 160,000－250,000

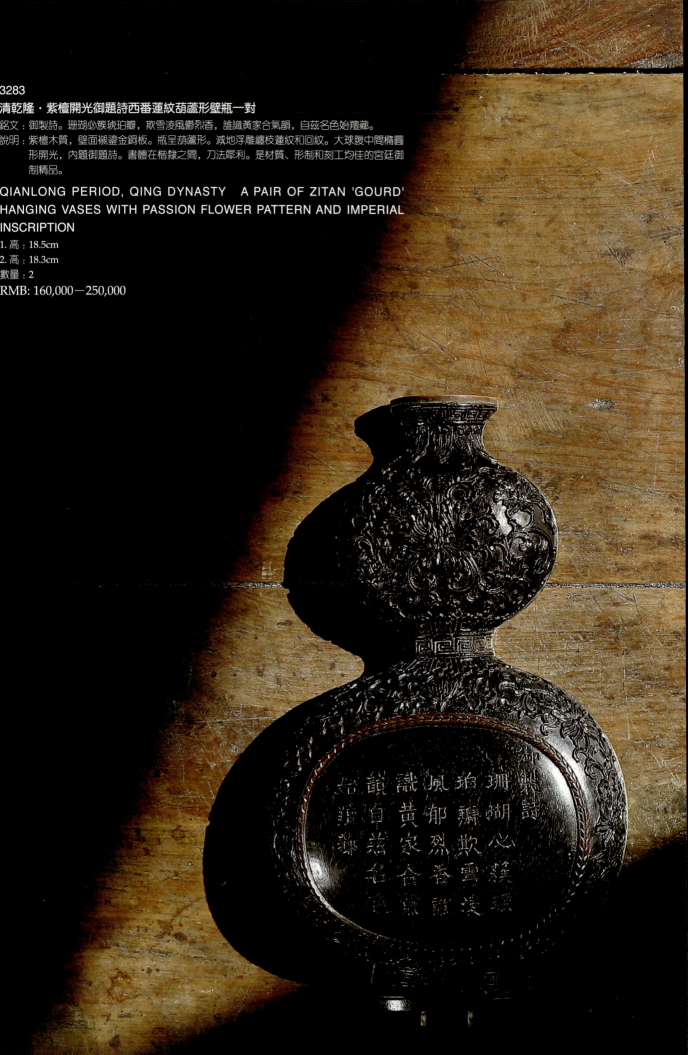

3284

明・紫檀文具箱

MING DYNASTY A ZITAN STATIONERY CASE

高：11.2cm　長：34cm　寬：18.6cm

RMB: 30,000－50,000

明・紫檀文具箱

3285

清‧紫檀雕松竹梅水洗

說明：筆洗紫檀為材，通體滿雕松竹梅圖，紋飾層次有序，錯落繁密，刀鋒利落，微細中見技長。
清代乃中國宮廷工藝發展之鼎盛階段。不僅陶瓷、金石器，竹刻木雕更是美輪美奐，頗
具小品怡情之道，堪稱文房清玩中之佳構。尋覓眾多硬木器物中，唯紫檀品種獨佔鰲頭，
可謂木中極品，紫檀多為御用傢具之選料，此小物以紫檀而為之，更顯奢華至極。此器
靈動灑脫，不拘一格，頗值玩味。

QING DYNASTY A ZITAN BRUSH WASHER WITH PINE, BAMBOO AND
PRUNUS PATTERNS

高：9cm　通徑：9cm
RMB: 70,000－90,000

3286

明·黃花梨官皮箱

說明：此件官皮箱以黃花梨為材，木紋清晰細膩，色彩明朗。箱蓋為錄式頂，內置書架。箱門對開，
　　　內有三層五具抽屜。箱蓋，箱門安銅飾件，兩側裝銅提手，下有座臺，工藝考究，造型優美，
　　　極具收藏陳設價值。官皮箱，明清流行，以盛裝貴重物品或文房用具。由於其攜帶方便，
　　　常用於官員巡視出遊之用，故匠師俗稱"官皮箱"。

MING DYNASTY A HUANGHUALI CABINET

高：32.5cm　長：33.3cm　寬：24.1cm

RMB: 120,000－200,000

箱內展開圖

3287

清·紫檀夾頭榫翹頭案

說明：此案選紫檀大料，用料厚重，雕飾精彩，起線乾淨利落。兩端翹頭為捲雲式牙頭，腿與
　　　牙條夾頭榫架構，牙腳邊緣亦起陽線，牙上浮雕有拐子龍紋。四足外撇，形成側腳，分
　　　散牙條在紋飾的厚重，增添了翹頭案的穩重感。兩側腿間安管腳棖，鑲裝絛環板則進一
　　　步增加穩定性。絛環板不採用常見鏤空雕飾，僅作葵形勾邊，上飾拐子龍紋，凝書齋之
　　　氣。四足盤飾如意雲紋，應牙條勾邊，帶有一絲俏皮。翹頭案在傢具中，並不以實用見
　　　長，置於中堂正中，稱托案頭瓷器花木，或案上懸掛書畫，融於整廳，秀外慧中。而書
　　　房所置翹頭案，常為供案，瓜果清供，怡然雅趣。它的內斂中庸，實則也是文人所崇尚
　　　的精神內涵。此件翹頭案色澤古樸，包漿瑩潤，造型規矩大方，線條流暢有力，工藝精湛，
　　　匠心獨運。

QING DYNASTY　A ZITAN STAND

高：85cm　長：239cm　寬：43cm
RMB: 1,200,000－1,800,000

3288

明 · 黃花梨圓包圓半桌

說明：半桌採用黃花梨材質。桌面攢框鑲版，線條渾圓，層次感強烈，四腿間安羅鍋根。圓腿直足，
　　　通體採用明式傢俱的圓包圓造型，色澤豔麗，造型簡約大方。

MING DYNASTY A HUANGHUALI TABLE

高：82cm　長：111cm　寬：44cm

RMB: 350,000－500,000

3289

清・黃花梨嵌癭木面梳背椅一對

說明：直欞玫瑰椅又稱"梳背椅"，以東山、西山所製作較為常見。王世襄《明式傢具研究》中涉及幾種不同的直欞玫瑰椅樣式，而此對玫瑰椅是在搭腦及扶手以下一寸處插橫棖，兩橫棖間安舊根直欞，而搭腦與上部橫棖之間簡單裝飾雙圈鏤空扣環卡子花。座面下裝圓材券口牙子，圓棱形牙條擴展了玫瑰椅下半部分的穩重感，腿足間嵌步步高升棖，線條肌理簡潔，榫卯結構嚴謹。

QING DYNASTY A PAIR OF BURL-INLAID HUANGHUALI ARMCHAIRS

1. 高：98cm　長：60cm　寬：47cm
2. 高：99cm　長：61cm　寬：46cm
數量：2
RMB: 300,000－500,000

3290

古玉多寶手串

說明：以八顆不同形狀沁色古玉相連成多寶手串。以素麵勒子為主，邊飾木隔珠。其中三角勒
　　　子稍作修飾，清晰可見陰刻獸面紋飾，造型古樸。此多寶串盤玩純熟，皮殼厚重，邊角
　　　光潤，佩戴此多寶串多有驅邪庇佑之功用。

A MULTI-GEM BRACELET

珠徑：1cm-1.8cm

數量：8

RMB: 20,000－30,000

3291

明・黃玉雕臥犬把件

說明：明代玉雕古拙之氣突出，以神韻取勝，一如此玉雕臥犬。取黃玉為材，玉材溫和滋潤，
　　　帶暗紅色皮殼。圓雕玉犬仰首蜷足，匍匐於地，長耳緊貼、長尾翻卷，眼神溫和之態凝
　　　視遠方。細節以簡潔有力的數刀便將玉犬的肌肉輪廓畢現，線條清晰深刻，婉轉流暢，
　　　遒勁有力，刀工可見一斑。

MING DYNASTY　A YELLOW JADE 'DOG' CARVING

高：4.3cm

RMB: 20,000－30,000

3292

清·白玉雕蓮花形筆舔

說明：筆舔以白玉為材，材質緻密，隨形設計，規格小巧。立體圓雕蓮葉和蓮蓬，葉脈雕刻生
　　　動自然，包漿自然溫潤，是十分難得的文房佳器。

QING DYNASTY A WHITE JADE 'LOTUS' SCHOLARLY OBJECT

高：3cm 長：12cm
RMB: 20,000－30,000

3293

清 · 白玉浮雕獸面紋象耳瓶

說明：此玉瓶玉質溫潤光澤，通透光亮。頂蓋與瓶口均飾回紋一周，肩起雙象耳，瓶頸作幾何
蕉葉紋，外壁紋飾為變體獸面紋。

QING DYNASTY A WHITE JADE VASE WITH BEAST PATTERN AND
ELEPHANT HANDLES

高：13.4cm

RMB: 40,000－60,000

3294
清·紅沁玉勒

QING DYNASTY A RUSSET JADE PENDANT
高：4cm　長：1.8cm　寬：1.7cm
RMB: 10,000－20,000

3295

宋·白玉雕迦樓羅神鳥像爐頂

說明：據《迦樓羅及諸天密言經》記載 "迦樓羅者，天竺方言，唐雲金翅鳥"。迦樓羅為佛的護
　　　法神鳥，同玉飛天、玉摩羯一起隨佛教傳入中國。此玉雕迦樓羅神鳥像為其較成熟的形象，
　　　人首鳥嘴，頭戴蓮瓣寶冠，眼內凹圓睜，嘴如鷹啄，呈忿怒像，身形亦為人形，雙手施
　　　法印置於胸前，小肚圓凸露肚臍，雙腿蹲坐於蓮瓣之上，有短陰線刻飾羽紋，雕琢精細，
　　　神態威武，讓人產生敬畏之感。且玉質白皙溫潤，局部受沁，更添僑色之美。

SONG DYNASTY A WHITE JADE 'GOD' CENSER COVER FINIAL

高：4.7cm

RMB: 25,000－30,000

清乾隆·乾隆年製款料胎畫珐瑯鳴蟲圖鼻烟壺

3296

清乾隆 · 乾隆年製款料胎畫琺瑯鳴蟲圖鼻煙壺

款識：乾隆年製

說明：琺瑯彩是國外傳入裝飾技法，專為清宮廷御用器物之美化。在琺瑯彩各類器物中，尤以料胎琺瑯彩器物的製作難度最大，因玻璃與琺瑯料的熔點非常接近，溫度高則胎體變形，溫度低則呈色不佳，故成品數量稀少。壺呈扁瓶形，短直頸，溜肩，長圓腹，橢圓形圈足，足內 "乾隆年製" 四字楷書款。瓶身以透明料胎為地，琺瑯彩繪白菜螳螂圖，描畫精細，妙趣橫生。此鼻煙壺當為宮廷造辦處玻璃廠和琺瑯廠聯合製作，光彩交輝，顯示著華貴的皇家氣派清趣。

參閱：清宮舊藏玻璃胎畫琺瑯瓜形鼻煙壺

QIANLONG PERIOD, QING DYNASTY A CLOISONNE ENAMEL GLASS
SNUFF BOTTLE WITH INSECT PATTERN AND 'QIANLONG' MARK

高：6.3cm   寬：3.7cm

RMB: 50,000－80,000

參閱：北京故宮博物院藏玻璃胎畫琺瑯瓜形鼻煙壺。

3297
清·玻璃製花卉紋荸薺瓶

QING DYNASTY A PEAR-SHAPED GLASS VASE WITH FLORAL PATTERN
帶座高：12cm 高：10.5cm
RMB: 20,000－30,000

3298

清・乾隆年製款料胎畫琺瑯葫蘆形开光山水圖鼻煙壺

款識：乾隆年製

說明：套料琺瑯彩鼻煙壺是乾隆時期名貴的御用器。琺瑯彩製作技藝奇絕，傳世極少，至為罕見，
　　　加之套料亦屬當時名品，可見其珍貴地位。此鼻煙壺呈葫蘆形，以白色琉璃為胎，套暗
　　　紅及深紅兩色琉璃，剔刻蕉葉、如意紋等裝飾，葫蘆上下四面開光，內以琺瑯彩繪各式
　　　山水美景，山石錯落、雲氣氤氳，每個開窗獨立成景，把玩於手，觀之如身臨其境。整
　　　器制作工藝精湛，畫師水平高超，非名師所不能達。

QING DYNASTY A CLOISONNE ENAMEL GLASS 'GOURD' SNUFF
BOTTLE WITH LANDSCAPE PATTERN AND 'QIANLONG' MARK

高：6.6cm

RMB: 30,000－50,000

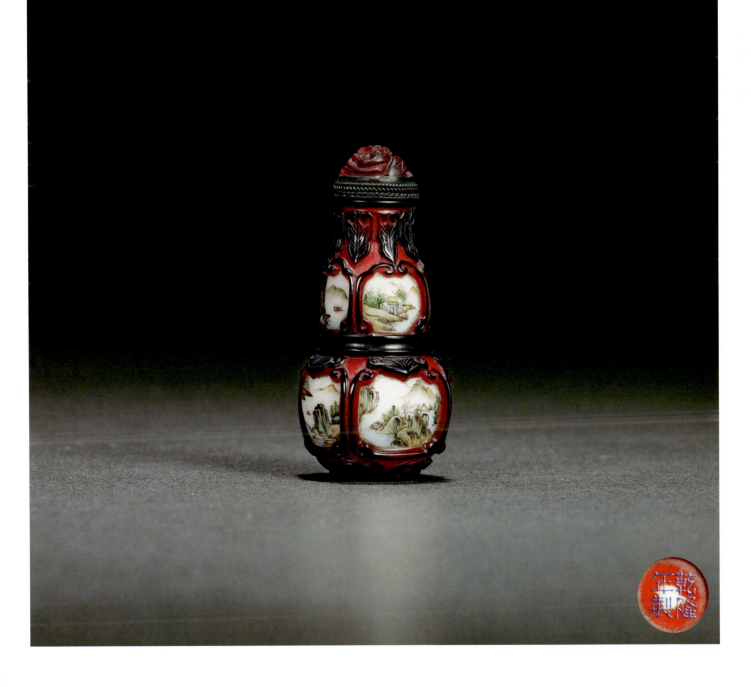

3299

清 · 竹雕山林雅集山子擺件

款識：蟹

說明：本山子取竹根部為材，雕西園雅集場景，一片山野幽境之中，蒼松虯曲，怪石嶙峋，溪
澗輕湧，群賢畢至。眾高士掩映於奇松怪石之間，層次豐富，疏密有致，可歎經營之妙。
該器圓雕、透雕、深淺浮雕多技並施，洗練處一刻而就，細密處絲絲精嚴，諸法皆備，
各盡其美。人物開臉尤可稱絕，高士神態各異，閒適淡然，奇趣生動，似聞其聲。配紫
檀座。

QING DYNASTY A BAMBOO 'FIGURE' CARVING

帶座高：9.7cm　高：8.5cm

RMB: 20,000－30,000

3300
明·竹根雕玉蘭花杯
MING DYNASTY A BAMBOO 'BEGONIA' CUP
高：10cm
RMB: 40,000－50,000

3301
清 · 竹雕蘭石靈芝圖筆筒
說明：筒身陰刻蘭花山石等圖樣，皮色紅潤，把玩有趣。底部有簽條"五百四十"。

QING DYNASTY A BAMBOO BRUSHPOT WITH ORCHID AND ROCK
PATTERNS
高：15.2cm　直徑：6.9cm
RMB: 20,000－30,000

3302

清·竹鏤雕松下高士圖筆筒

QING DYNASTY A BAMBOO BRUSHPOT WITH PINE AND SCHOLAR
PATTERNS

高：14cm 直徑：11.6cm

RMB: 30,000－50,000

3303
唐・石雕瑞獸擺件
TANG DYNASTY A STONE 'BEAST' CARVING
高：7cm 長：15cm
RMB: 50,000－80,000

3304
北魏・石雕觀音像

NORTHERN WEI DYNASTY A STONE FIGURE OF AVALOKITESVARA
高：14.5cm
RMB: 30,000－50,000

參閱:《中國歷代紀念佛像圖典》第194頁，金申編，文物出版社，1994年。

參閱：北魏石雕觀音立像

3304
北魏・石雕觀音像

NORTHERN WEI DYNASTY A STONE FIGURE OF AVALOKITESVARA

3305

黃花梨螭龍紋圈椅一對

A PAIR OF HUANGHUALI ARMCHAIRS WITH 'CHI' PATTERNS

1. 高：100cm　長：62cm　寬：47cm
2. 高：101cm　長：62cm　寬：46cm
數量：2
RMB: 1,500,000－1,800,000

3306

清·紅木花几

说明：花几俊逸堅挺，在每塊部件的邊沿以起線裝飾，重在打磨，批灰擦漆極見功力，從而顯
　　　得木紋極其美觀，包漿瑩潤，底根為羅鍋根。花几屬於時常搬動類傢俱，所以輕便、美觀、
　　　是首選要求，古人在這方面做到了極致。

QING DYNASTY A MAHOGANY FLOWER STAND

高：85cm　長：41cm　寬：30cm

RMB: 10,000－20,000

3307
清 · 倚雲款英石供石擺件
款識：倚雲
說明：英石底部刻有篆書"倚雲"二字款。原配黃花梨座。
QING DYNASTY A 'YING' ROCK ORNAMENT WITH 'YI YUN' MARK
帶座高：22cm
RMB: 10,000－20,000

3308

日本龍文堂錯金銀鐵壺

蓋內款識：龍文堂造

說明：在京都鐵壺中最為人知的堂號首推'龍文堂'。二代龍文堂初代安之介以精工細緻並帶有
中國文化裝飾藝術的鐵壺獲得極大的迴響，他將龍文堂鐵壺推上殿堂級的高峰，被認為
是精工京都鐵壺的始祖。配木盒。

A GOLD AND SILVER-INLAID IRON TEAPOT BY RYUMONDO

高：22.5cm

RMB: 60,000－80,000

款識簡介：龍文堂，由初代安之介所創，在鐵壺的發展史上具有重要地位。龍文堂為日本史上
第一家採用脫蠟法精鑄鐵壺的堂口，名望影響日本及歐洲長達百餘年。龜文堂創始
人波多野正平，藏六堂創辦人秦藏六皆師從二代安之介。在龍文堂鼎盛的時期，一
年所造鐵壺也不超過150把，其稀有性可見一斑。

3309
民國·汪寶根刻合桃壺

銘文：1. 杞菊晉酒，梅雪煮茶。此仿鄧石如印法，陽羨鼎興刻。杞菊晉酒，梅雪煮茶（朱）。
2. 蟜雲龍比口比雲龍，白鶴園林苦竹叢。碧玉池頭添活火，党姬未見此家風。集高啟句。
徐（朱）。

壺蓋內款：寶根（白）。

說明：合桃壺創於民國，得汪寶根、範大生、馮桂林等諸名陶手相競延今。作品以傳統入手，
融合筋紋器為主體與花貨作點綴，壺身以五辦分成，線條以飽滿豐腴表現作品氣度。壺
鈕以桃子作鮮明的點綴，簡潔生動枝葉相衫中，倍增花貨紫砂藝術細膩的表現，桃子歷
有長壽之意，吉祥之寓自然不言而喻。加之器身刻大量銘文，題材豐富，意趣十足。

REPUBLIC OF CHINA A PEACH-SHAPED ZISHA TEAPOT ENGRAVED BY
WANG BAOGEN

高：11cm　通徑：20.4cm
RMB: 10,000－20,000

作者簡介：汪寶根（1890～1954年），號旭齋，宜興蜀山人。為民國時期紫砂高手三寶之一（三
寶：李寶珍、汪寶根、陳寶生）。汪寶根早年隨伯父、清末名家汪春榮（生義）學藝，
與壺藝大師吳雲根、朱可心為同門師兄弟。

3310

清·紫砂堆塑山水圖暖壺

說明：堆塑是清代紫砂壺製作中一種難度極大的特殊裝飾工藝，其
　　　製作過程是：先把圖案底稿用毛筆依樣畫在紫砂壺泥坯上，
　　　並將研磨得像墨一樣細膩的泥漿，調製成稀稠適度狀態備
　　　用，然後用毛筆蘸著泥漿，依著泥坯上畫好的底稿，在壺
　　　的表面一次次堆畫，不足的地方再進行加工，直到紋飾堆
　　　畫成功為止。堆塑工藝不僅費時費工，而且非技藝嫻熟的
　　　能工巧匠則不能為之。我國流傳下來的古代紫砂壺中，使
　　　用堆塑工藝的為數極少。

QING DYNASTY A ZISHA TEAPOT WITH
LANDSCAPE PATTERN

Illustrated: *Purple Sands*, p. 169, Yingji Tangren Craft and Art
　　　　　　Pubishing House

高：11cm　通徑：15.5cm

RMB: 20,000－30,000

出版：《紫玉金砂》第169頁，唐人工藝出版社。

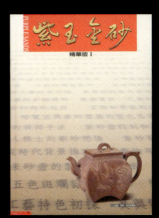

出版：《紫玉金砂》

3311
明永樂・龍泉窯纏枝花卉紋盤

YONGLE PERIOD, MING DYNASTY A 'LONGQUAN' DISH WITH FLORAL
PATTERN

高：5cm　通徑：33cm
RMB: 40,000－60,000

3312
清·粉彩花鳥紋花盆一組兩件
說明：此組花盆圓形，撇口，圈足，以粉彩繪花鳥紋，口沿亦繪以花草紋。花盆體態碩大，可用可賞。

QING DYNASTY A GROUP OF TWO FAMILLE ROSE FLOWERPOTS WITH
BIRD AND FLORAL PATTERNS

1. 高：16.3cm　通徑：33.3cm
2. 高：15.9cm　通徑：33.9cm
數量：2
RMB: 40,000－60,000

清·粉彩花鳥紋花盆一組兩件

3313

明·大明萬曆年製款銅胎掐絲琺瑯葡萄紋爐

款識：大明萬曆年製

說明：此爐敞口圓唇略收，短束頸，溜肩鼓腹，底設三乳足，整體造型古樸敦厚，
體例偏矮，線條圓潤，極具明風特徵。口沿兩側作橋耳狀，橋耳又稱 丹眼耳，
因呈有弧度的橋形而得名。漢明帝時命博士祭酒講經史，數以萬計的士人環
向橋門而聽，故明宣德帝以橋耳爐賜於國子祭酒，以取環橋聽經之意。此橋
耳爐胎體由紅銅捶揲後細加打磨，沿口及底足鎏金極厚實，爐身作白釉地，
口下飾五彩祥雲紋一周，腹部以金絲掐繪纏枝葡萄紋，三五成串懸於枝葉間
相簇相生，枝藤蔓蔓，葉寬而厚，筋脈分明，自肯部蜿蜒向下，隨爐身線條
婉轉起伏，呈現繁復華麗之美。此爐釉色透明純正，於風化處略現砂眼，特
別是紫色釉透如紫晶，在枝葉端出現了紅與綠、黃與綠的混合色，凡此都具
有明中晚期琺瑯工藝的顯著特點。葡萄紋作一種外來文化符號，在商業經
濟發達、獵奇視野開闊的嘉萬時期特別流行，具體可參見故宮博物院所藏明
葡萄紋繩耳爐，兩者無論在釉面工藝還是內容佈局上都頗為相似，除了一些
局部紋飾上的變化。此爐底部鎏金開框，內鏨刻大明萬曆年製楷書款，書風
輕盈靚麗，特別值得注意的是其中明字以目代日旁，明古同明，書家多有混
用（見文徵明立春進賀軸），但其意側重明君之明在於目明，能識人識勢之
用。就目前存世器物看，終明一朝用明字落器物款的僅見於萬曆，如故宮藏
大明萬曆年製描金漆筆和黃檀木雕龍鳳紋筆，銅爐上落此款實為僅見。其原
委大致推想，或與明神宗的政治生平相關，萬曆帝怠政三十年，但對朝廷的
控制絲毫不爽，政務也大致有條得當，誠如《明宗實錄》雲："蓋上仁孝聖神，
迥絕千古，享國愈久，聖德彌隆，無輆近綜核之煩，而自臻治古幾康之理。
海內沐浴玄化幾五十年，國祚靈長，永永無極，所培毓遠矣。先是因秉軸者
懲操切之過，不無稍劑以寬大，而上明習政事，乾綱獨攬，予奪進退，莫可
測識。晚頗厭言官章奏，概置不報，然每遇大事，未嘗不折衷群議，歸之聖裁。
中外振聳，四封晏如，雖以憂勤之主極意治平而不得者，上獨以深居靜攝得之，
周之成康，漢之文景，未足況也。至慈護先考，終始無間，尤非草昧所得窺，
而為堯為舜之旨，更諄諄以期。廟號曰神，殆真如神雲。"
想來器物上落明字款，旨在暗示其目力炯炯，聖明獨斷之威。據不完全統計，
世界範圍內帶有萬曆款的掐絲琺瑯不過 20 余件，明字款的更為少見，綜合
器型、工藝、款識諸多方面來看，此爐或為本朝官器，值得藏家關注。

MING DYNASTY A CLOISONNE ENAMEL BRONZE CENSER WITH GRAPE PATTERN AND 'WANLI' MARK

高：7.5cm 通徑：12.5cm

RMB: 120,000－180,000

參閱：《故宮琺瑯圖典》第 35 頁，故宮博物院編，紫禁城出版社，2011 年。

參閱：《故宮琺瑯圖典》第 35 頁

明·大明萬曆年製款銅胎掐絲琺瑯葡萄紋爐

3314

清·康熙年製款銅胎掐絲琺瑯獅耳爐

款識：康熙年製

說明：此件獅耳爐從形制具有清早期爐的特點，相比較明代晚期的扁實夸張，清早期爐造型修
　　　長雅緻，同時代的宣德爐中亦有類似器形。而琺瑯紋飾來看，康熙的銅胎掐絲佈局許有
　　　留白，纏枝蓮紋較為小巧可愛。鍍金底正中鏨刻"康熙年製"四字楷書，此類款識可參
　　　考清宮舊藏中銅胎掐絲琺瑯式瓶。

QING DYNASTY A CLOISONNE ENAMEL BRONZE CENSER WITH
'KANGXI' MARK

高：7.5cm　　通徑：11.5cm

RMB: 30,000－50,000

3315

清中期・銅胎掐絲琺瑯雙龍捧壽紋如意

說明："如意"是一種象征祥瑞的器物，其頭部呈彎曲回頭之狀，被人賦予了"回頭即如意"的
　　　吉祥寓意。此如意為銅胎，通體以天藍色琺瑯釉為地，如意首部及柄部繪"雙龍捧壽"圖，
　　　背面飾輪枝番蓮紋。此器胎體厚重，掐絲細膩，釉面平滑，形象生動，工藝精湛。

MID-QING DYNASTY A CLOISONNE ENAMEL 'RU YI' SCEPTER WITH
DRAGON PATTERN

長：40.2cm

RMB: 120,000－180,000

清乾隆·乾隆年製款銅胎掐絲珐瑯朝冠耳爐

3316

清乾隆 · 乾隆年製款銅胎掐絲琺瑯朝冠耳爐

款識：乾隆年製

說明：整器皆以精銅為材，直口平沿，腹身圓潤，器底接三矮足，爐肩兩側對稱出雙朝冠耳。
其上作鎏金掐絲琺瑯工藝裝飾，沿口內壁及爐底均以鎏金為飾，爐身上繪纏枝蓮花圖案，
蓮花分別以紅、藍、黃等諸色描繪，鎏金乳釘，足銅鎏金獸首飾纏枝寶相花紋，呈現繁
複富麗之感。底款落"乾隆年製"四字楷書款。此爐色彩純正艷麗，齊致細謹，高貴華美，
實為難得。

QIANLONG PERIOD, QING DYNASTY A CLOISONNE ENAMEL BRONZE
CENSER WITH 'QIANLONG' MARK

高：12.3cm　通徑：17.4cm

RMB: 80,000－120,000

3317

清乾隆・乾隆年製款掐絲琺瑯如意型蓋盒

款識：乾隆年製

說明：蓋盒作如意形，通體施天藍色釉為地，蓋面鏨刻彩色勾蓮花，盒壁飾深藍色回紋。勾蓮的枝葉採用雙線裝飾方法，這是乾隆時期典型的特點。此盒體型小巧，銅質細膩，可珍可賞。

QIANLONG PERIOD, QING DYNASTY A 'RU YI'-STYLE CLOISONNE
ENAMEL CASE AND COVER WITH 'QIANLONG' MARK

高：3.2cm 通徑：7.5cm

RMB: 50,000－60,000

3318
清·大清乾隆年製款銅胎畫琺瑯壽字紋橋耳爐
款識：大清乾隆年製

QING DYNASTY A CLOISONNE ENAMEL BRONZE CENSER WITH
'QIANLONG' MARK

高：7cm　通徑：7.2cm
RMB: 無底價

3319
宋 - 明 · 青銅卷草紋六方宮燈
SONG DYNASTY-MING DYNASTY A BRONZE COURT LANTERN WITH
FOLIAGE PATTERN
高：38.5cm
RMB: 無底價

3320

清乾隆·竹雕太平有象擺件

說明：“太平有象”出自南宋詩人陸游詩“太平有象無人識，南陌東阡搨耖香”一句。象長壽，
　　　被古人看作瑞獸，亦比喻好景象。明清時期太平有象已經成為常用圖案，寓意天下太平、
　　　民康物阜。此擺件選用竹根採以浮雕、圓雕結合而製。大象身披花毯，轉頭甩尾，揚鼻
　　　觸接身邊站立持戟者。象身上立有兩童子，相互依偎，一人持寶瓶，一人持玉磬，面露
　　　喜色。整件作品隨形而就，因材施工，為文房佳品。

QIANLONG PERIOD, QING DYNASTY A BAMBOO CARVING OF FIGURE
AND ELEPHANT

高：18cm

RMB: 無底價

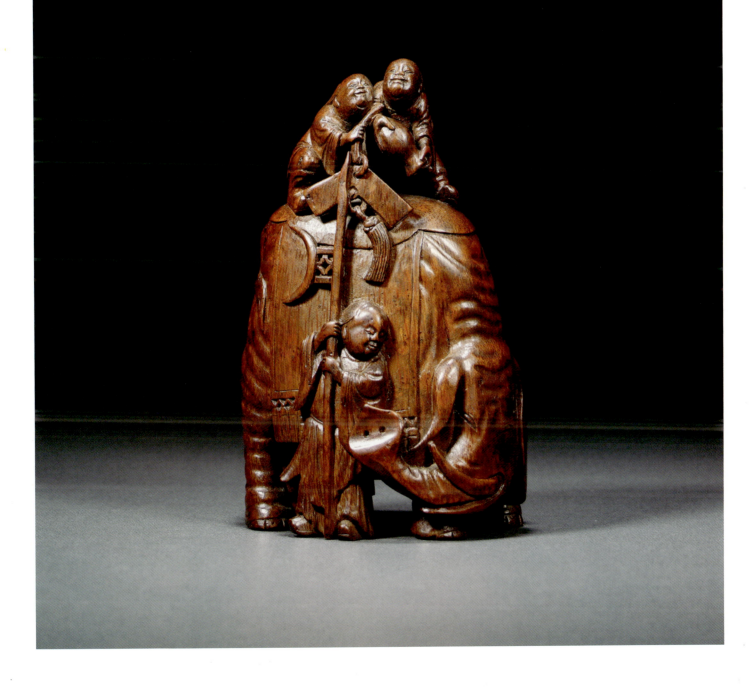

3321

清 · 紅木嵌骨山水人物紋掛屏

說明：此件掛屏以紅木為材，邊框以嵌骨工藝裝飾如意紋，屏心以嵌骨，嵌螺鈿等之法表現山水人物勝景，嵌工細緻。峰巒起伏，
　　　樓宇林立，廊橋迂迴、行人高士游走於間，畫面佈局嚴謹，紅木的沈穩雅致與獸骨螺鈿相映成趣，格調高遠，具有極
　　　高藝術價值。

QING DYNASTY A BONE-INLAID MAHOGANY HANGING SCREEN WITH LANDSCAPE AND FIGURE PATTERNS

长：98cm　宽：49cm

RMB: 無底價

3322

清·紅木嵌雲石插屏

說明：清徐康《前塵夢影錄》中載"大理石有五色紋，或具山水人物草木鳥獸象形，其佳質色如玉。
細膩無疵"。因大理石這種古樸細膩，紋理千變萬化，具有廣闊想象空間的特點，常被文
人喜好，享文房之趣。此插屏雲石紋理天然造化，煙雲繚繞，氤氳浮流，氣韻生動，因
年代久遠，石色蒼古深沈，更顯古拙之趣。另尤珍之處為雲石插屏保存完好，原攢紅木框。
起線圓潤飽滿，線條流利，頗值賞玩。

QING DYNASTY A MARBLE-INLAID MAHOGANY TABLE SCREEN

高：71cm

RMB: 無底價

3323
清·翡翠鏤雕蟲趣擺件

QING DYNASTY A JADEITE CARVING WITH INSECT PATTERN
長：10cm   寬：7cm
RMB: 無底價

3324
清·黃楊木浮雕松枝紋筆舔

說明：黃楊木生長緩慢，木質細膩，《閒情偶寄》曰："黃楊每歲長一寸，不溢分毫，至閏年反
　　　縮一寸，是天限之木也"，黃楊木因此難有大料。此筆舔雕法生動，案頭置放，尤顯趣意。

QING DYNASTY A BOXWOOD SCHOLARLY OBJECT WITH PINE
PATTERN

高：3cm　長：15cm　寬：10.5cm
RMB: **無底價**

清·黃楊木浮雕松枝紋筆舔
說明：黃楊木生長緩慢，木質細膩，《閒情偶寄》曰："黃楊每歲長一寸，不溢分毫，至閏年反
　　　縮一寸，是天限之木也"，黃楊木因此難有大料。此筆舔雕法生動，案頭置放，尤顯趣意。

3325

明·剔紅江畔送別圖捧盒

說明：此剔紅送別圖捧盒體呈長方形，造型方正規整。器身內髹黑漆，蓋頂繪江畔送別圖，畫
　　　面縱深得體，層次分明。整器漆質堅實光亮，構圖疏密有致，頗具實用價值。

MING DYNASTY A CINNABAR LACQUER CASE WITH LANDSCAPE
PATTERN

高：8.1cm　長：26.6cm　寬：21cm

RMB: 無底價

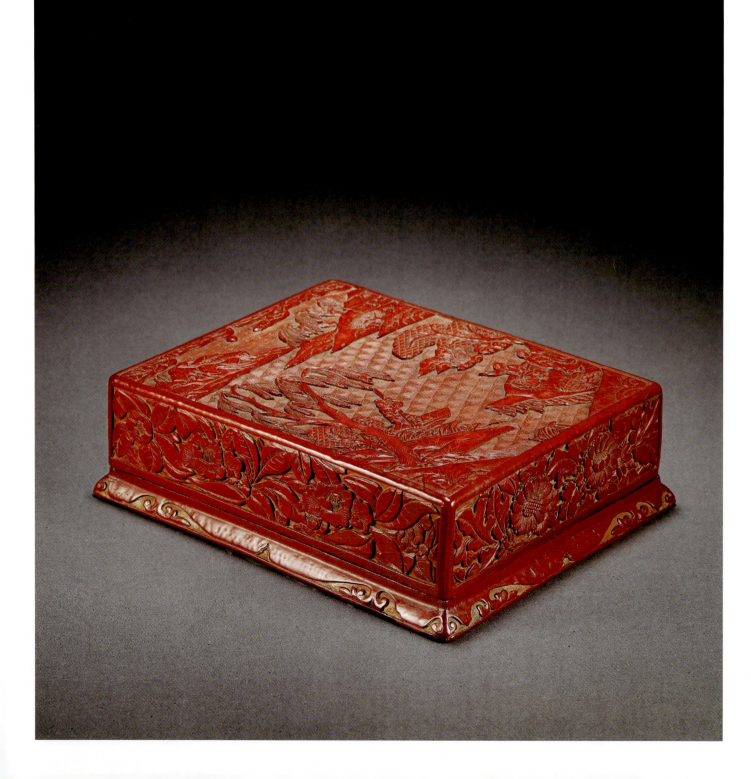

3326
清 · 黑漆嵌螺鈿倭角樓閣人物詩文方盤

盤底嵌螺鈿銘文：海氣侵南部，邊風掃北平。莫賣盧龍塞，歸邀閣名麟。
說明：附日本原盒及錦囊。

QING DYNASTY A MOTHER-OF-PEARL INLAID TRAY
WITH FIGURE PATTERN AND INSCRIPTION

長：40.7cm　寬：40.5cm
RMB: 30,000－50,000

盤底圖

3327

清·黑漆嵌百寶櫃

說明：立櫃木胎，髹漆，正面分三層，對開兩扇門，框內嵌百寶色石，分別為葡萄蓮藕、荸薺佛手、茶花綬帶、春桃八哥等蔬果花鳥圖，寓意"五世同堂"、"祝頌長壽"、"功名富貴"等。彩繪邊框嵌花卉紋銅鍍金合頁，錢紋鎖鼻和拉環，櫃內裝膛板，花卉紋銅套足，櫃頂面及兩側黑漆彩繪描金樓閣山水人物圖，邊沿繪回紋、枝花卉紋。櫃背、櫃里黑漆，此櫃裝飾畫面生動，色彩豐富，鑲嵌工藝精巧，且保存完好在傳世漆器傢具中極為罕見。

QING DYNASTY A GEM-INLAID BLACK-LACQUERED CABINET

高：115cm   長：79cm   寬：44cm

RMB: 30,000－50,000

3328

清 · 剔紅山水人物紋香几

QING DYNASTY A CINNABAR LACQUER STAND WITH
LANDSCAPE AND FIGURE PATTERNS

高：36cm

RMB: 10,000－20,000

几面圖

3328

清 · 剔紅山水人物紋香几

3329

清·紅木束腰嵌癭木花几一組兩件

說明：花几為紅木，色深紫發紅，質地堅硬細密，實為佳木。几面為攢框鑲長方獨板面，光素無紋，高束腰，面沿鑲嵌癭木邊飾，束腰下呈過橋狀，四腿為方形，直立，邊起陽線簡潔洗練，打磨平滑。四腿之間為羅鍋棖。此對花几皮殼古雅，品相佳美，用於客廳、書齋文房，或置香爐，或擺盆花，皆適宜也。几內有编号，分別为（70）花字 5-24，104-6-2 和（70）花字 5-25，104-6-3。

QING DYNASTY A PAIR OF BURL-INLAID MAHOGANY STANDS

1.高：76cm　長：46cm　寬：34cm

2.高：75cm　長：46cm　寬：35cm

数量：2

RMB: 30,000－50,000

3330

清 · 銅獅耳香薰

爐壁銘文：敬供

說明：原配銅獅鈕蓋。

QING DYNASTY A BRONZE INCENSE BURNER

Provenance: Previously collected by an antique company.

高：14.7cm　通徑：8cm　重：863g

RMB: 無底價

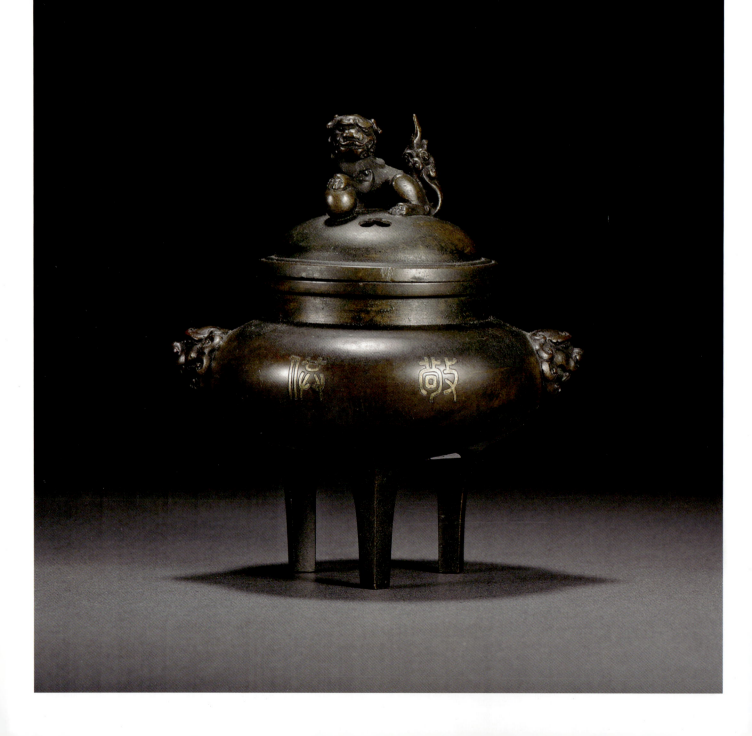

清 · 銅獅耳香薰

爐壁銘文：敬供

說明：原配銅獅鈕蓋。